OBSERVATIONS

PRÉSENTÉES A LA CHAMBRE DES PAIRS

PAR LE

CONSEIL DES DÉLÉGUÉS

SUR LE

Projet de loi relatif à la juridiction à laquelle seront soumis, dans les quatre principales colonies françaises, les crimes commis envers les esclaves.

« Des exemples de condamnations, qui ne sont pas sans gravité, ont été donnés en ces derniers temps, et fortifient le gouvernement dans son opinion sur la convenance de ne pas se hâter de répudier une combinaison encore si récente. »

(Rapport au roi du ministre de la marine et des colonies, de mars 1847, page 32.)

Paris,

IMPRIMERIE DE GUIRAUDET ET JOUAUST,

RUE SAINT-HONORÉ, 315.

24 juillet 1847

OBSERVATIONS

PROJET DE LOI RELATIF A LA JURIDICTION A LAQUELLE
SERONT SOUMIS, DANS LES QUATRE PRINCIPALES COLONIES
FRANÇAISES, LES CRIMES COMMIS ENVERS LES ESCLAVES.

MESSIEURS LES PAIRS,

Dans les séances de la Chambre des députés des 24
et 26 avril on a lu des procès-verbaux d'officiers de
gendarmerie, des rapports de juges d'instruction, dé-
nonçant des faits odieux, atroces.

On a affirmé qu'ils se produisaient tous les jours dans
les colonies, et l'on a ajouté : « Ces faits sont impunis,
car dans les colonies il n'y a pas de justice! »

On a conclu qu'il fallait changer la composition des
Cours d'assises coloniales, et supprimer l'institution des
assesseurs.

Dans la séance du 7 mai, l'honorable M. d'Haussonville a annoncé que, si le gouvernement ne présentait
pas un projet de loi, il userait de son initiative.

M. *le baron de Mackau*, alors ministre de la marine
et des colonies, a refusé de prendre l'engagement de
changer une loi récemment votée; il a déclaré « que le

gouvernement veillerait à la complète *exécution* de la loi du 18 juillet 1845, et assurerait aux colonies une bonne justice. »

MM. J. de la Bâtie et de Gasparin ont insisté.

« Le gouvernement, suivant eux, a déjà trop attendu.

» Ils ne comprennent pas comment il a attendu un an, ils ne comprennent pas comment il peut attendre un jour de plus.

» Ils ne peuvent se rendre compte de la réponse *évasive* qui vient d'être faite par M. le ministre de la marine. »

M. le baron de Mackau ayant cessé d'être ministre de la marine et des colonies, M. Guizot, ministre intérimaire, a présenté dans la séance du 22 mai le projet de loi qui supprime l'institution des assesseurs.

L'exposé des motifs, sans respect pour la chose jugée, qualifie d'*étranges* les acquittements prononcés par les Cours d'assises coloniales, et, quoique la loi du 18 juillet 1845 ait eu à peine une année d'exécution, il déclare que l'*expérience* commande de modifier cette loi.

M. le comte d'Haussonville, dans son rapport du 11 juin, a reproduit les accusations contre les acquittements *étranges, systématiques,* et a conclu à l'adoption du projet.

La Chambre des Députés l'a adopté.

Nous venons demander à la Chambre des pairs de le rejeter.

Nous venons défendre la société coloniale, la justice coloniale, en exprimant le douloureux regret de les

voir délaissées par le gouvernement, leur défenseur na-
turel.

Quels sont donc les rapports des maîtres envers leurs esclaves dans les colonies françaises?

Les maîtres sont-ils durs, barbares? Les sévices sont-ils fréquents, de tous les jours?

Veuillez, Messieurs les pairs, consulter les documents officiels publiés par le gouvernement lui-même, et qu'il paraît avoir oubliés.

Ouvrez l'*Exposé général des résultats du patronage des esclaves*, publié en juin 1844, par ordre de M. le ministre de la marine et des colonies (1); vous lirez dans les dépêches du gouverneur, des procureurs généraux et de leurs substituts :

« Que la discipline s'exerce partout avec beaucoup de modération, qu'elle est paternelle et indulgente;

» Que les noirs sont traités avec ménagement et bien-veillance ;

» Que les châtiments excessifs sont impossibles, qu'il est impossible surtout qu'ils restent inaperçus et im-punis ;

» Que les noirs interrogés témoignent qu'ils sont sa-tisfaits de l'administration de leurs maîtres, et que nulle part il ne s'élève aucune plainte qui vienne altérer cette harmonie si utile à tous, et que l'on doit sans aucun doute à un régime disciplinaire doux et modéré. »

---

(1) Pages 379, 380, 381, 382, 385, 390, 392, 395, 397, 398, 403, 405, 406, 425, 429, 431, 432, 434, 438, 448.

— 4 —

Ouvrez l'*Exposé général* à la page 379, vous y trouverez le tableau suivant :

MARTINIQUE.

RÉSUMÉ DES RENSEIGNEMENTS FOURNIS PAR LES TABLEAUX D'INSPECTION ANNEXÉS AUX RAPPORTS.

Habitations dont le régime disciplinaire est constaté par les magistrats en termes généraux.

Habitations.

« Régime doux, très doux, paternel, bon, exemplaire, sur 183

» Discipline nulle, régime faible, trop doux, sur 5

» Discipline tempérée, modérée, très modérée, juste et modérée, sur 187

» Discipline sage et ferme, ordinaire, régulière, ferme mais juste, sur 11

» On ne compte que 17 habitations sur lesquelles la discipline a paru irrégulière et sévère ; soit 17

» Total. . . 403

GUADELOUPE (1).

RÉSUMÉ DES RENSEIGNEMENTS FOURNIS PAR LES TABLEAUX D'INSPECTION ANNEXÉS AUX RAPPORTS.

Désignations employées par les magistrats.

	Habitations.
« Domesticité sans rigueur.	83
» Régime disciplinaire nul.	54
» Discipline molle, relâchée, châtiments rares.	13
» Discipline paternelle, très modérée, très douce, patriarcale, grande indulgence.	86
» Discipline modérée	106
» Discipline arbitraire	4
» Régime amélioré, discipline adoucie	2
» Moyens ordinaires et modérés, sans rigueur.	52
» Discipline ferme et juste.	3
» Discipline juste et sévère	7
» On ne compte que 26 habitations sur lesquelles la discipline a paru irrégulière	26
» Total.	437

(1) Exposé général, page 403.

GUYANE FRANÇAISE (1).

Résumé des renseignements contenus dans les tableaux d'inspection en ce qui concerne le régime disciplinaire.

Désignations employées par les magistrats.

	Habitations.
« Pas de punitions, punitions très rares, absence de discipline.	40
» Régime bon, paternel, très doux . . .	99
» Discipline nulle, relâchée	23
» Régime modéré ou très modéré. . . .	78
» Régime ferme sans sévérité, sévère et juste.	10
» Régime ferme et sévère	23
» Total. . .	273

L'*Exposé général* ne contient pas de tableau analogue en ce qui concerne Bourbon ; mais le gouverneur, le procureur général et ses substituts, rendent aux habitants de Bourbon la même justice qu'aux habitants de la Guyane et des Antilles.

Leurs rapports attestent que la discipline s'y exerce avec modération, qu'elle y est indulgente et paternelle.

Si les gouverneurs, les magistrats des colonies, que le gouvernement de la métropole nomme et révoque,

---

(1) Exposé général, page 429.

vous paraissent suspects quand ils témoignent de la douceur des mœurs coloniales, de l'administration paternelle des colons,

Interrogez les officiers de la marine royale et du commerce, interrogez tous ceux qui ont visité les colonies, ils confirmeront ces témoignages favorables.

Vous ne trouverez d'exception que chez un petit nombre de fonctionnaires ou de prêtres indignes qui ont pris en haine la société coloniale, et se vengent du mépris par la diffamation.

Interrogez les amis, les patrons des noirs.

M. le duc de Broglie vous répondra :

« Par suite de la cessation complète de la traite, il n'y a plus de nègres venus récemment d'Afrique…. L'impossibilité de renouveler les ateliers, ainsi que les idées de l'époque auxquelles les colons ne sont pas restés étrangers, ont singulièrement amélioré leur régime. Les esclaves attachés aux habitations n'étant plus renouvelés que par les naissances, les maîtres, toujours entourés des mêmes individus, s'y sont attachés davantage. Il règne aujourd'hui entre les esclaves et les maîtres qui conduisent eux-mêmes leurs biens un lien qui tient en quelque sorte de la famille et du patronage : d'un côté, soumission, attachement ; de l'autre, protection, bienveillance, soins attentifs ! (1) »

En présence de tels témoignages, de témoignages assurément non suspects, rendus à la bienveillance gé-

---

(1) Rapport de la commission des affaires coloniales par M. le duc de Broglie, page 131.

nérale des maîtres vis-à-vis les noirs, dans les colonies françaises....., comment se fait-il qu'on s'acharne à publier dans les journaux, à porter à la tribune quelques faits particuliers de sévices commis par des maîtres sur leurs esclaves?

Quand ces faits (d'ailleurs tous antérieurs à la loi du 18 juillet 1845, et qu'on est venu alléguer fort à tort pour accuser cette loi), quand ces faits, faux ou exagérés, seraient vrais et prouvés.....,

Qu'en résulterait-il?

Est-ce sur un petit nombre de procès-verbaux judiciaires, de rapports de juges d'instruction, d'arrêts de cours criminelles, qu'on juge les mœurs, le caractère d'un pays?

Ouvrez le dernier compte-rendu au roi sur la justice criminelle en France,

Vous y lirez qu'il y a eu en 1844 :

112 condamnations pour meurtre.

108 pour infanticide.

78 pour assassinat.

134 pour viol sur des enfants au dessous de 15 ans.

52 pour incendie de maisons habitées.

15 pour empoisonnement.

12 pour parricide !

Quelle ne serait pas votre juste indignation, MM. les pairs, si dans un pays étranger, dans le parlement anglais, dans le congrès américain, on s'étayait de ce triste tableau pour représenter la France comme un repaire de meurtriers, d'assassins, d'incendiaires, d'empoisonneurs et de parricides !

Et cependant, c'est ainsi qu'on traite les colons français !

On les traite plus mal encore, car on admet comme prouvée toute allégation sans preuves.

On invoque contre eux, comme autorités irréfragables : les procès-verbaux de gendarmerie, sur lesquels les juges d'instruction n'ont pas cru devoir suivre ;

Les rapports des juges d'instruction, malgré les ordonnances de non-lieu ; les arrêts des chambres d'accusation, malgré les verdicts d'acquittements !

En France, dans une seule année (en 1844), 85,791 affaires criminelles, correctionnelles ou de police, parmi lesquelles 14,961 affaires paraissant au premier aspect constituer des crimes, ont été abandonnées ou suivies d'ordonnance et d'arrêts de non-lieu.

Sur 7,195 accusés renvoyés devant les Cours d'assises, 2,295 ont été acquittés.

Sur 5,379 condamnés, 1,248 n'ont été condamnés qu'à des peines correctionnelles (1).

Que diraient les criminalistes, en France, si, laissant de côté les ordonnances des chambres du conseil, les arrêts des chambres d'accusation, les débats devant les Cours d'assises, un député prenait les rapports des juges d'instruction au début de l'affaire, et que, tenant pour avérées les conclusions de ces rapports, il vînt à la tribune incriminer les chambres du conseil, les chambres d'accusation, la Cour d'assises, le jury ?

---

(1) Rapport de 1846 au roi, sur la justice criminelle.

Que dirait M. le ministre de la justice ?

Que diraient les magistrats députés ?

Ne s'élèverait-il pas des réclamations de toutes les parties de la chambre ?

L'orateur ne serait-il pas rappelé au respect de la magistrature, du jury, de la chose jugée ?

Les choses ne se passent point ainsi quand il s'agit des colonies, ainsi qu'on peut malheureusement s'en convaincre en lisant les séances de la chambre des députés des 24 et 26 avril.

Il importe d'examiner les principales accusations portées dans ces séances contre les colons et la justice coloniale ; car, chacun le sait, ces deux séances ont déterminé la présentation du projet de loi.

L'honorable M. J. de Lasteyrie a lu le rapport d'un juge d'instruction dans une affaire Thoré, beau-frère de M. Morel, ancien procureur général, et aujourd'hui président de la Cour royale de la Martinique.

Le rapport énumère onze chefs de sévices qui auraient été commis par M. Thoré contre divers esclaves.

Plusieurs de ces faits sont graves ; ils ont soulevé, à diverses reprises, l'indignation de la chambre, alors surtout que M. J. de Lasteyrie interrompait sa lecture pour apprendre à la chambre que les esclaves étaient morts ! et que des crimes suivis de mort avaient été punis d'un emprisonnement de quinze jours !

Ce que M. J. de Lasteyrie ne disait pas, sans doute parce qu'il l'ignorait :

C'est que la Cour royale, jugeant comme tribunal de police correctionnelle, avait écarté comme non justifiés la plupart des faits énumérés dans le rapport du juge d'instruction ;

C'est qu'aucun des esclaves n'était mort des suites des sévices ; c'est que, si des coups avaient été portés par M. Thoré, *il n'en était résulté ni maladie, ni incapacité de travail pendant plus de vingt jours ;* c'est qu'il existait, en faveur de M. Thoré, des circonstances atténuantes donnant lieu à l'application de l'article 463 du Code pénal. (Arrêt de la Cour royale de la Martinique du 25 octobre 1845.)

Ne nous est-il pas permis de déplorer que M. le ministre de la marine, que M. le directeur des colonies, qui connaissaient cet arrêt, ne l'aient pas fait connaître à la chambre !

Dans la séance du 26 avril, l'honorable M. Ledru-Rollin portait à la tribune une accusation plus grave encore contre l'humanité des colons et la justice coloniale.

Voici ses paroles, dans le *Moniteur* du 27 :

« Sur le soupçon qu'un bœuf a été empoisonné par un jeune esclave, M. Humbert-Dupré fait couper la tête de l'animal, la fait attacher au cou du jeune nègre, en déclarant qu'elle y restera jusqu'à ce que la putréfaction l'en ait fait tomber. (Sensation.)

» Horrible supplice, Messieurs, que ces miasmes de la mort s'infiltrant lentement dans l'organisme de la vie ! Quelques jours s'étaient à peine écoulés, que l'odeur fétide avait tué le pauvre esclave. (Mouvement d'indignation sur tous les bancs de la chambre.)

» Direz-vous que ce fait est inexact ? Il a été

constaté par un commandant de gendarmerie, M. France, etc.

» J'ai dit que cet horrible drame avait été constaté par procès-verbal ; mais comment la justice a-t-elle suivi ?

» M. le juge d'instruction et M. le procureur du roi se sont rendus sur les lieux, accompagnés de gendarmes ; ils ont dit aux gendarmes : « Attendez à la porte, nous » entrerons seuls. » Puis, en sortant : « C'est une af- » faire de rien, cela s'arrangera. » (Mouvement général d'indignation.)

M. Ledru-Rollin passionnait la chambre en mettant sous ses yeux un crime atroce et impuni.

La chambre, qui s'indignait de l'atrocité et de l'impunité du crime, ignorait que le crime n'avait jamais existé, que l'officier de gendarmerie avait constaté des bruits vagues et faux, qu'aucune déposition ne les avait confirmés, que les médecins avaient constaté que l'esclave de M. Humbert-Dupré était mort de maladie, et non des suites d'une prétendue infection ; que le juge d'instruction avait provoqué et que la chambre d'accusation avait rendu un arrêt de non-lieu le 23 octobre 1844.

M. le ministre de la marine, et, dans tous les cas, M. le directeur des colonies, connaissaient cet arrêt, et ils ne l'ont pas fait connaître à la Chambre des députés !

Ainsi les défenseurs officiels des colonies souffrent qu'on égare la Chambre, qu'on accuse les colons d'inhumanité, la magistrature coloniale de forfaiture, et ils ne font pas usage des documents judiciaires qui anéantissent l'accusation !

Le conseil des délégués, qui a aussi, lui, le mandat légal de défendre les colonies, demande communication des procédures et des arrêts relatifs aux faits dénoncés dans les séances des 24 et 26 avril.....

Le croirez-vous, MM. les Pairs, cette communication lui est refusée !

Lorsque, convaincu de l'existence de ces arrêts, un membre de la Chambre des députés disait dans la séance du 26 avril :

« La chambre d'accusation a déclaré les faits faux en rendant un arrêt de non-lieu qui a repoussé le rapport du juge d'instruction »,

On lui répondait que les membres de la chambre d'accusation étaient des *Créoles*, qu'ils étaient *juges* et *parties !*

M. le ministre de la marine se taisait; et le directeur des colonies, qui doit connaître les détails de l'administration coloniale, se taisait, lorsqu'ils avaient sous les yeux l'arrêt de la chambre d'accusation du 23 octobre 1844, rendu dans l'affaire Humbert-Dupré, signé par MM. Londe, Furiani et Trolley, tous trois magistrats *métropolitains !* (1)

L'arrêt du 25 octobre 1845 rendu dans l'affaire Trolley, signé par MM. Armand Aubert, Bonnet, Furiani ;

---

(1) Dans les colonies, la chambre d'accusation ne se compose que de trois magistrats.

Robillard, Reistehueber, Duplaquet, de Moly, tous les sept magistrats métropolitains !

M. le ministre de la marine devait dire, et n'a pas dit, que les faits dénoncés étaient antérieurs à la loi du 18 juillet 1845 ;

Qu'on les alléguait fort à tort pour accuser cette loi ;

Que les arrêts émanant de la Cour royale ou de la chambre d'accusation, et non de la Cour d'assises, ne prouvaient rien pour ou contre l'institution des assesseurs.

Le *Compte-rendu* au roi en mars 1847 incrimine un seul arrêt d'acquittement rendu par une Cour d'assises dans les colonies ; mais il n'en conclut pas qu'il faille s'empresser de modifier de nouveau la composition de ces Cours, déjà modifiée par l'art. 14 de la loi du 18 juillet 1845.

On lit dans ce Compte-rendu :

« Quoique l'expérience de la loi, sous l'un et l'autre rapport, soit encore bien récente, je dois exposer à Votre Majesté les conséquences qu'elle a déjà eues. Et d'abord, je dois dire que la promulgation de la loi et les instructions qui en ont accompagné la notification dans les colonies y ont été le signal d'un redoublement de zèle de la part des fonctionnaires, tant administratifs que judiciaires, pour la découverte des mauvais traitements commis sur les esclaves et pour la poursuite des inculpés. C'est donc, je n'en doute pas, à cet accroissement d'activité, plutôt qu'à un sentiment d'irritation contre la nouvelle loi, que doit être attribué l'accroissement du nombre des affaires de cette nature qui ont, depuis lors, été suivies judiciairement dans plusieurs localités ; et je devais consciencieusement consigner cette remarque en donnant, dans les annexes du présent rapport, un relevé numérique des poursuites légales pour sévices et de leurs résultats.

» Les résultats que les poursuites ont obtenus ne sont sans doute pas toujours tels que devait le faire désirer l'intérêt de la vindicte publique et de l'humanité. Un arrêt d'acquittement rendu dans une de nos principales colonies, au profit de deux frères auxquels étaient imputés d'odieux sévices, est venu surtout frapper l'opinion publique, et dès lors on en a conclu que le changement de composition des assises (quatre magistrats et trois assesseurs colons, au lieu de quatre assesseurs et de trois magistrats) était un palliatif impuissant, puisque, la majorité nécessaire pour la condamnation étant de cinq sur sept, il suffisait encore du concert systématique des trois assesseurs pour paralyser l'action répressive. Sans me dissimuler la force de cet argument, je ne pense pas qu'il suffise, non plus que les fâcheux exemples dont il s'étaie, pour faire accuser dès aujourd'hui de stérilité à cet égard la loi du 18 juillet 1845.

» Je me suis donc borné à inviter les gouverneurs à observer et à faire constater avec soin les nouveaux faits qui se produiraient, soit dans le sens de l'acquittement, soit dans celui de la condamnation. J'ajouterai que des exemples de condamnations, qui ne sont pas sans gravité, ont été donnés en ces derniers temps, comme l'indique le relevé ci-joint, et fortifient mon opinion sur la convenance qu'il y a à ne pas se hâter de répudier une combinaison qui est encore si récente.

Le relevé dont parle le compte-rendu (1) établit :

« Que dans nos quatre colonies 74 affaires de sévices ont donné lieu à des procédures. Sur ce nombre, 15 n'avaient pas encore été jugées au mois de janvier 1847, et le résultat n'en est point encore connu. Sur les 59 autres, 11 ont été terminées par des arrêts de non-lieu, 34 par des arrêts ou jugements de condamnation, dont 1 à une peine afflictive et infamante, et 14 par l'acquittement des prévenus. »

Peut-on, en présence de ces faits judiciaires, dire : « Il n'y a pas de justice aux colonies? »

On insiste : « Si les cours royales ont prononcé des condamnations, il n'en a pas été ainsi des Cours d'assises. »

Cela n'est pas exact.

La Cour d'assises de la *Martinique* a condamné des maîtres poursuivis pour sévices envers leurs esclaves.

« Le nombre des accusations pour sévices a été de 3 à Bourbon, depuis la loi du 18 juillet 1845. Les accusés étaient au nombre de 5 ; deux d'entre eux ont été condamnés, l'un à un mois, l'autre à une année de prison.

» Le nombre d'accusations a été de 4 à la *Guadeloupe;* un des accusés a été condamné à 5 ans de réclusion (2). »

---

(1) Page 265.
(2) Ibid.

On trouve que les peines prononcées par les Cours
d'assises, dans les colonies, ont été *trop douces !*

Pour que cette appréciation fût acceptée, il faudrait qu'elle eût été donnée en connaissance de
cause.

Il est permis de récuser ceux qui n'ont peut-être pas
eu communication de toutes les procédures écrites, et
qui certainement n'ont pas assisté aux débats des Cours
d'assises dont ils croient pouvoir juger et censurer les
arrêts.

En France, en 1844, les Cours d'assises ont prononc-
cé 34 condamnations à un emprisonnement d'un an et
plus pour infanticide,

27 condamnations à un an et moins pour meurtre,

10 condamnations à un an de prison et moins, pour
assassinat,

57 condamnations à un an et plus,

5 à un an et moins pour viol et attentat à la pudeur
sur des enfants au dessous de 15 ans.

Sur 12 condamnations pour parricide,

5 condamnations seulement à mort et 7 aux travaux
forcés et à la réclusion.

Le jury a admis des circonstances atténuantes dans :

48 accusations de coups et blessures envers un as—
cendant,

46 accusations d'incendie d'édifices habités,

66 accusations d'infanticide,

40 attentats à la pudeur avec violence sur des enfants
âgés de moins de 11 ans,

17 viols sur des enfants âgés de moins de 16 ans,

7 viols commis par des personnes ayant autorité sur la victime,

. 70 assassinats,

19 empoisonnements,

6 parricides.

Si ces tableaux étaient publiés à l'étranger, et si on voulait y juger la justice de France comme en France on prétend juger la justice des colonies, sans avoir assisté aux débats des Cours d'assises, sans avoir entendu l'accusé, les témoins, la défense, ne se croirait-on pas fondé à dire que le jury français a été trop indulgent, que la magistrature de France a appliqué des peines trop *douces* à des assassins, des incendiaires, des empoisonneurs, des parricides? Ne se croirait-on pas en droit de critiquer la composition des Cours d'assises, du jury de France, de former des vœux pour que la France procède sans retard à leur réorganisation?

Qu'il nous soit permis de faire remarquer que, si les Cours d'assises coloniales ont à juger les crimes des maîtres contre les esclaves, elles jugent aussi les crimes des esclaves envers les maîtres; que, si on a accusé les assesseurs d'indulgence envers les maîtres, on ne les accuse point de sévérité envers les esclaves, et que, sous ce rapport du moins, personne n'a demandé la suppression des assesseurs et la réorganisation des Cours d'assises coloniales.

Nous pensons aussi, nous, qu'on pourrait les réorganiser utilement; mais ce n'est point à la fin d'une session qu'on peut improviser une réorganisation de cette importance.

. La Chambre des députés a *de fait* terminé sa session.

Néanmoins, la Chambre des pairs ne pouvant pas être privée de ses attributions législatives, nous allons examiner les amendements dont l'adoption nous paraîtrait nécessaire, dans le cas où la Chambre des pairs ne rejetterait pas le projet de loi.

Nous demanderions l'abrogation de l'article 77 de l'ordonnance du 24 septembre 1828, qui veut « que les assesseurs prononcent avec les magistrats sur la position des questions, sur toutes les questions posées, et sur l'application de la peine. » En un mot nous voudrions que, comme les jurés de la métropole, les assesseurs ne prononçassent que sur le *fait*.

Quant à la composition du collége des assesseurs, il offre toutes les garanties désirables. L'article 77 déclare « aptes a faire partie du collége des assesseurs :

» Les habitants et négociants éligibles au conseil colonial;

» Les membres des ordres royaux;

» Les fonctionnaires publics jouissant d'un traitement de 4,000 fr.;

» Les fonctionnaires publics qui, ayant joui d'un traitement de pareille somme, ont été admis à la retraite;

» Les juges de paix en retraite, les licenciés en droit non pourvus d'une commission d'avoué;

» Les professeurs de sciences et belles-lettres, les médecins, les notaires et avoués retirés. »

La liste des personnes aptes à faire partie du collége des assesseurs s'élève à la Martinique, à la Guadeloupe et à Bourbon, à environ 600 par chaque colonie.

Le collége des assesseurs ne se compose que de 60.

Les articles 181 et 182 donnant au gouverneur le droit de proposer et au ministre de la marine et des colonies le droit d'arrêter cette liste....,

Le gouvernement est maître de n'y porter, s'il le juge convenable, que des fonctionnaires publics, des membres de la Légion-d'Honneur ou des négociants non propriétaires d'esclaves, si les propriétaires d'esclaves sont suspects.

Mais pourquoi le seraient-ils?

C'est, a-t-on dit, parce que les esclaves traduits, dans les colonies, devant un jury qui serait composé de maîtres, ne seraient pas jugés par *leurs pairs*.

Mais les prolétaires, les domestiques, les ouvriers, sont-ils jugés en France par leurs pairs?

N'accusez pas les maîtres, dans les colonies, d'un concert dont les propriétaires composant un jury métropolitain sont incapables; croyez que les colons éprouvent contre des faits atroces la même indignation que vous; que, s'ils sont résolus, comme vous, à acquitter un innocent, ils ne sont pas moins résolus que vous à condamner les coupables.

Si vous refusez de les croire fidèles à leurs serments, animés d'un esprit de justice, fiez-vous du moins à leur intérêt.

Demandez-vous s'ils n'ont pas un intérêt puissant à condamner les maîtres coupables de sévices envers leurs esclaves...,

Quand on exploite si cruellement et depuis si long-temps, contre les colons, les arrêts d'acquittement!

Si la chambre des pairs ne croit pas devoir conserver l'institution des assesseurs, avec la modification que
nous lui indiquons,

Si elle compose la Cour d'assises exclusivement de
magistrats, que du moins elle leur confère l'*inamovibilité.*

C'est là l'objet d'un deuxième amendement.

Nous ne pouvons pas donner le nom de magistrats
aux juges que le projet de loi veut imposer aux colons.

Ceux qu'on appelle faussement magistrats ne sont en
réalité que de simples fonctionnaires ; car ce qui donne
au magistrat le caractère d'indépendance, qui est la
seule ou du moins la principale garantie des justiciables,
c'est l'inamovibilité : or les juges des colonies ne sont
pas inamovibles.

Soumettre l'honneur, la vie des colons, l'honneur, la
vie de leurs familles, au jugement de fonctionnaires révocables, dont la décision peut être punie ou récompensée selon qu'elle plaira ou déplaira au pouvoir, à un parti
qui dominerait le pouvoir, c'est revenir au temps des
cours prévôtales !

Quelle indignation ne serait pas la vôtre si le ministère, qui vous propose des cours prévôtales pour les
colons, venait vous les proposer pour la métropole !

Si vous ne craignez pas qu'on vous propose de pareils
tribunaux, parce que vous êtes forts, ne les laissez pas
imposer aux colons, parce qu'ils sont faibles !

Quelle serait d'ailleurs la force morale d'un tribunal
composé de fonctionnaires dépendants ? Il pourrait infliger des peines, des amendes, la prison, et le dernier
supplice peut-être, et ses sentences seraient exécutées à

l'aide de la force publique ; mais le déshonneur qui s'attache à une condamnation, mais l'infamie et la flétrissure qui accompagnent certains arrêts, et qui sont souvent un frein plus puissant, un châtiment plus fort que la peine elle-même, disparaîtraient entièrement. Un pareil tribunal ne serait plus aux yeux de l'opinion que l'instrument des volontés ministérielles ou des passions d'un parti ; les condamnés ne seraient plus que des victimes !

Avant l'ordonnance de 1828, les membres des conseils supérieurs, aujourd'hui remplacés par les Cours royales, étaient de fait inamovibles.

En même temps que l'on retirait aux juges coloniaux l'inamovibilité, par une sorte de compensation on créait l'institution des assesseurs.

Si vous détruisez aujourd'hui l'institution des assesseurs, si les colons cessent d'être jugés par leurs pairs, si vous les faites juger par des magistrats, que du moins ces magistrats, investis du droit de vie et de mort, soient de véritables magistrats, des magistrats inamovibles.

Le *troisième amendement* que nous proposons, c'est la suppression des assesseurs *pour tous les cas*. Nous ne voulons pas de tribunaux d'exception.

La Charte autorise notre résistance.

L'ordonnance de 1828, sur l'organisation judiciaire et l'administration de la justice dans les colonies, l'autorise également.

L'article 3 dispose qu'il ne sera créé aucune commission extraordinaire.

Nous demandons, en conséquence, que la composition des Cours d'assises soit une; qu'elles continuent à être composées de magistrats et d'assesseurs; ou qu'elles soient composées de magistrats seulement...., mais *pour tous les cas.*

Nous invoquons à l'appui de notre amendement l'autorité d'un noble pair, M. le premier président Boullet. Voici ses paroles dans la séance du 12 avril 1845 :

« Si la nécessité, l'indispensable nécessité de modifier la composition de la Cour d'assises, était bien établie, je pense qu'il vaudrait mieux constituer sur d'autres bases cette juridiction, non point seulement pour les crimes commis par les esclaves, ou sur les esclaves par les maîtres, mais pour *tous les faits* qui lui seraient soumis.

» Ce serait une chose fâcheuse que de modifier une législation qui doit initier les colons au jugement de leurs propres affaires; ce serait un pas rétrograde, regrettable; mais il serait préférable au triste spectacle qu'on donne en constituant un *tribunal d'exception* contre les colons. »

Nous terminons nos observations en démontrant que le projet de loi adopté par la Chambre des députés est impraticable, et en indiquant les amendements sans lesquels la loi votée ne pourrait fonctionner.

Le nombre des conseillers et conseillers auditeurs à la Martinique, à la Guadeloupe et à Bourbon, est, par colonie, de 12.

La Martinique et Bourbon ont 2, la Guadeloupe 3 juges royaux.

Sur 14 magistrats qui, suivant le projet de loi, peuvent seuls faire partie de la Cour criminelle, il faut défalquer les 3 membres de la chambre d'accusation : il n'en reste que 11.

Si on en défalque 5 qui doivent composer la Cour royale jugeant en 1re instance et en appel les affaires correctionnelles, en appel seulement les affaires civiles et commerciales, il ne resterait plus que 6 magistrats, nombre insuffisant pour constituer la Cour criminelle, cette Cour devant se composer, suivant le projet, de 7 magistrats.

Il faudrait donc que, pendant toute la durée des sessions de la Cour criminelle, c'est-à-dire quatre fois par an, sans compter les sessions extraordinaires que l'art. 73 de l'ordonnance de 1828 autorise le gouverneur à convoquer, les Cours royales jugeant les affaires correctionnelles, civiles et commerciales, chômassent...., au grand préjudice des justiciables et des détenus préventivement, dont la détention se trouverait ainsi prolongée.

Quant à la Guyane française, la loi y serait matériellement impraticable.

La Cour royale y est composée de :

      6 conseillers,

      3 conseillers auditeurs,

      1 juge royal.

      ———

Total 10

Défalquant les 3 magistrats qui ont connu de l'affaire comme membres de la chambre d'accusation, il resterait strictement le nombre de 7 exigé par le projet de loi.

Mais l'ordonnance du 24 septembre 1828 (art. 68) veut que, dans les affaires qui paraîtront devoir se prolonger pendant plusieurs audiences, un conseiller auditeur soit appelé par le président pour assister aux débats, et remplacer le conseiller qui ne pourrait continuer de siéger.

Le conseiller auditeur supplémentaire ne pourrait se trouver à la Guyane.

Il manquerait un autre conseiller si l'un des conseillers auditeurs n'avait pas 27 ans,

L'art. 62 refusant voix délibérative aux conseillers auditeurs qui n'auraient pas 27 ans accomplis.

Enfin il y aurait impossibilité de composer la Cour d'assises toutes les fois qu'il y aurait un conseiller récusé, malade, en congé, ou empêché par une cause quelconque.

Objectera-t-on que l'on appellerait des avocats-avoués, suivant l'ordre du tableau?

Voici ce que M. de Gasparin répondait à l'objection (1):

« Ces avocats sont de véritables assesseurs qui seront tous propriétaires d'esclaves. Nous détruirions d'une main ce que nous aurions fait de l'autre. »

La loi nouvelle serait même, au point de vue de M. de Gasparin et de ses amis, beaucoup plus mauvaise que la loi actuelle.

______

(1) Séance du 19 juin 1847, *Moniteur* du 20, page 1666.

Car les avocats, qui par leur profession même sont plus enclins à acquitter qu'à condamner, et qui sont tous propriétaires d'esclaves, seraient de plein droit membres de la Cour criminelle ;

Tandis que le gouverneur et le ministre de la marine ont le droit d'éliminer les 9/10 des éligibles, et de choisir, à leur gré, 60 assesseurs sur une liste de 600.

Pour faire une loi applicable, il faudrait donc ou augmenter par la loi même le nombre des magistrats, ou appeler les lieutenants de juges et les juges auditeurs à faire partie des Cours criminelles dans la colonie, ce qui serait mauvais, ces magistrats d'un ordre inférieur n'offrant pas les garanties que le législateur doit exiger quand il leur confère le droit de vie et de mort.

Nous croyons avoir démontré que la loi proposée n'est nullement nécessaire;

Que les acquittements dont on se plaint sont peu nombreux ; qu'il est difficile de les apprécier quand on n'a point assisté aux débats oraux, quand on n'a entendu ni l'interrogatoire de l'accusé, ni les dépositions des témoins à charge, ni la défense ;

Que le gouvernement lui-même, dans le rapport au roi, en mars 1847 (1), déclarait :

« Que des exemples de condamnations, qui ne sont pas sans gravité, ont été donnés en ces derniers temps, et fortifient son opinion sur la *convenance* qu'il y a à ne pas se hâter de répudier une combinaison qui est encore si récente »;

---

(1) Page 32.

Que, si l'on veut réorganiser les Cours d'assisès dans les colonies, il suffirait d'enlever aux assesseurs l'appréciation des questions de droit et l'application de la peine ;

Qu'on ne pourrait conférer aux magistrats coloniaux le droit de prononcer des condamnations capitales sans les investir de l'inamovibilité.

Enfin nous avons démontré que la loi, vu le petit nombre des magistrats, était matériellement impraticable.

Cette loi dont on poursuit l'adoption avec tant d'ardeur,

Cette loi qu'on a imposée au gouvernement sous la menace de l'initiative parlementaire,

Est-ce une loi durable, qui va satisfaire, au moins pour un temps, les novateurs coloniaux... ? Écoutez les deux rapports de la chambre des députés.

Le rapporteur du projet de loi actuelle, M. le comte d'Haussonville (1) :

« Il est certain que la majorité des magistrats de nos colonies, étant intéressée à un certain degré dans la propriété esclave, peuvent, comme les assesseurs, être mis en suspicion. »

Le rapporteur de la loi du 18 juillet 1845, M. J. de Lasteyrie (2) :

» Croyez-vous que nous n'ayons pas reconnu à l'*una-nimité*, dans le sein de la commission, que les magis-

---

(1) *Moniteur* du 20 juin 1847, p. 1666.
(2) Ibid., p. 1667.

trats, à bien peu de différence près, n'offraient pas plus de garanties pour la justice que les assesseurs ?

» Quelque forme que vous preniez, quelque *expédient* que vous trouviez, vous n'aurez jamais de justice complète dans les colonies, vous n'aurez jamais que des *palliatifs;* vous n'aurez jamais que des *indications de vos sentiments*, qui seront insuffisants. »

Le projet de loi est jugé par ses véritables auteurs : ils n'en attendent rien ou peu de chose.

C'est un *palliatif.*

Nous ne pensons pas que la Chambre des pairs, qui ne fait que des œuvres sérieuses, se prête à voter des *expériences, des indications de sentiments,* des professions de foi !

Au moment où nous terminons nos observations, nous recevons le discours prononcé le 16 juin dernier, par M. le contre-amiral Mathieu, gouverneur de la Martinique, à l'ouverture de la session du Conseil colonial.

C'est un éclatant témoignage en faveur des colonies injustement accusées, et qui sera d'un grand poids dans la résolution de la Chambre des pairs.

« Messieurs les Conseillers coloniaux ,

» Les lois nouvelles sur les colonies venaient d'être promulguées, déjà les modifications profondes qu'elles apportent à l'ancien régime de l'esclavage avaient pu exercer leur influence, lorsque, à votre dernière session, je m'applaudissais qu'un tel changement eût pu s'opérer sans que l'ordre public, le travail et la discipline des ateliers en eussent été sensiblement altérés.

» J'exprimais aussi l'espoir que les froissements, conséquence inévitable d'une législation qui touche à tant d'intérêts divers, iraient en diminuant et finiraient par disparaître. Je comptais, à cet égard, sur la sagesse des maîtres et le bon esprit des ateliers.

» Dix mois se sont écoulés depuis lors. J'ai parcouru les communes, j'ai visité les habitations, j'ai entendu les maîtres et parlé aux esclaves, j'ai soigneusement examiné les rapports des magistrats inspecteurs, et je viens attester ici que les esclaves jouissent des améliorations que la loi leur accorde, tout en conservant les adoucissements qu'ils tenaient de la volonté des maîtres.

» Les manifestations regrettables, bien qu'isolées, qui ont eu lieu dès le principe sur quelques habitations, sont aujourd'hui extrêmement rares : le calme règne dans la colonie.

» Tout fait espérer que le rallentissement des travaux, signalé dans quelques localités, n'aura été que momentané.

» La loi du 18 juillet 1845 et les ordonnances qui en sont le complément s'exécutent.

» Leur effet répond au vœu du législateur.

» La situation est satisfaisante.

» Le temps, la sagesse des maîtres, le sentiment du

devoir chez les esclaves, le dévoûment quelquefois, achèveront bientôt une œuvre aussi heureusement commencée.

» Je ne m'arrêterai pas à des faits exceptionnels qui n'ont jamais rien prouvé contre aucun état social ; mais, rendant hommage à la législation nouvelle, je dirai que, depuis sa promulgation, il ne s'est présenté aucun de ces crimes dont les passions ont tiré un si habile parti en confondant les dates, en dénaturant les faits ou ajoutant encore à ce qu'ils avaient d'odieux.

» Je sais qu'on a voulu rendre suspectes mes précédentes déclarations sur la situation générale du pays ; mais, m'appuyant sur la vérité, je trouve une nouvelle raison d'être calme dans l'excès d'injustice dont la colonie tout entière a été l'objet en cette circonstance.

» Comme gouverneur et comme citoyen je proteste contre cette espèce de solidarité qu'on a voulu établir entre les auteurs de quelques faits que tous repoussent avec indignation, et les fonctionnaires de tous les ordres dont je suis ici le chef, et la population que j'administre.

» Non ! le sentiment du devoir comme le sentiment de l'humanité ne sont point de ceux que l'on perd en traversant les mers, ou dont on soit privé en naissant sur le sol des colonies.

» Respect à la loi, concours absolu à son exécution, justice pour tous : tels sont les principes qui ont inspiré mes actes dans le passé et que je maintiendrai dans l'avenir. »

FIN.